時間をおくだけで、
どんどんおいしくなる

熟成レシピ

福家征起

はじめに

　「熟成」とは時間の経過が生み出す味であり、時間がくれる贈り物です。皆さんも翌日のカレーのうまさを味わったことがあるでしょう。一晩寝かせたあのカレーの味こそが、まぎれもなく熟成です。

　私は子供の頃、餅に砂糖じょうゆをつけて食べるのが大好きでした。残ったものを翌日に食べると、放置していただけなのにおいしい。時間をおくことで砂糖の粒子が細分化され、味が熟れていたのです。そのときに味わった砂糖じょうゆが私の料理人人生を決定づけ、「下北沢熟成室」というお店をオープンするまでにいたりました。

　熟成には、ふたつのタイプがあります。ひとつは、時間をおくと酵素の働きなどによって素材の中で化学反応がおき、うまみ成分が増していくもの。専用の熟成庫内に牛肉を吊るして乾燥させるドライエイジングビーフと呼ばれる熟成肉や、味噌やしょうゆなどの発酵食品もその代表格です。

　もうひとつは、素材を加工または加熱したあとに一定の温度管理のもとで寝かせて味をならしていくものです。これにはロースハムやパテ、オイルサーディン、ジャムなどがあります。

　本書では、さまざまな熟成料理の中から、家庭でも手軽に楽しめるとっておきの熟成レシピを紹介します。

　熟成のよいところは、なんといっても放置しておくだけでおいしくなること。熟成した素材のおいしさは、時間をかけたからこそ味わえる最高の贅沢です。また、塩漬けやオイル漬けにしているので、保存もききます。

　食べごろまで待っているときのワクワクする気持ちは、きっとあなたの食卓と人生を豊かにすることでしょう。時間や手間のかかることが敬遠される時代の中で、あえてゆっくりと、我が子を育てるような気持ちで作ってみませんか?

福家征起

Contents

PART 1 肉 *Viande*

PART 2 魚介 *Poisson*

PART 3 野菜 *Légumes*

PART 4 その他 *D'autres*

Column

基本の熟成法

熟成には大きく分けて4つの方法があります。
素材によって工程は違いますが、
どれもやることはシンプルです。

1_ Sel

塩漬け

素材に塩をまぶしたり、塩水に漬けたりして中までしっか
り塩分を行き渡らせます。
時間をおくと塩がもつ浸透圧の作用によって、素材から余
分な水分が抜けてうまみが凝縮されます。
また防腐剤の役割もあり、保存性が高くなります。この塩
が素材に塩分をつけて味の基本となるので、ナトリウム成
分が多い精製塩などより、ミネラル分が多い天日塩などを
使いましょう。

基本の熟成法

2_Huile

オイル煮・
オイル漬け

低温に温めたオイルで素材にゆっくり火を入れること
で、うまみを引き出し、しっとり柔らかくなります。ま
た、オイル漬けにして素材が空気に触れないようにする
と保存性が高くなります。

オイルは普通のサラダ油やオリーブオイルがあればじゅ
うぶん。サラダ油は冷蔵庫に入れても固まらないので保
存後も使いやすいです。オイル漬けにはオリーブオイル
を半分混ぜて風味をつけます。

基本の熟成法

3_Séché

干す

素材を干して水分を蒸発させると、うまみが凝縮し、野菜やフルーツは糖度が増してぐっと甘くなります。天日干しは天候に左右されるため手間がかかりますが、オーブンを使えば入れっぱなしでよいので手軽です。焦げないように低温でゆっくり加熱していくことで、素材の水分が蒸発して干したような状態になります。

本書ではオーブンで簡単にできて作りやすい、適度に乾燥させた柔らかい「セミドライ」のレシピを紹介します。

基本の熟成法

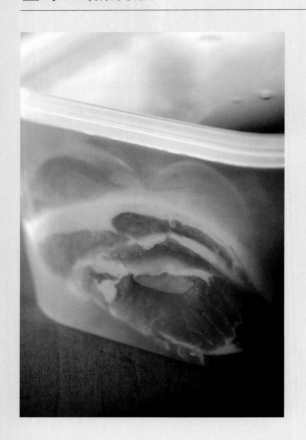

4_Faisander

寝かせる

熟成料理はすべて時間をおきますが、ここでは寝かせることでより一層おいしさが増すものをいいます。調理後の素材を冷蔵庫に入れて寝かせるだけで、味が全体になじんで奥行きのある深い味わいに変化していきます。
本書ではロースハムやパテ、煮込みやスープ、コンフィチュールやパウンドケーキなどを紹介しています。作りたて、翌日、さらに数日後と、味の変化を楽しめるのが熟成ならではの醍醐味です。

作りはじめる前に

◎ 素材について

- 使用する食材は「新鮮」なものを選びましょう。
  肉や魚は加工日や産地をよくチェックしてから買います。
  鮮度が悪いと素材を寝かせても耐えられる力がないので、
  熟成がマイナス効果を生むこともあります。
- こしょうは特別な表記のない場合、白でも黒でもどちらでも大丈夫です。
- 付け合わせの野菜、飾りのハーブやスパイスはお好みでご使用ください。

◎ 熟成法・食べごろ・保存について

本書では熟成法、食べごろ、保存法と保存期限を表示しました。

例）　**熟成法**　塩漬け

　　　食べごろ　翌日〜3日後

　　　保存　（冷蔵）5日

- 熟成法は「基本の熟成法（p.8〜15）」から
  該当する方法を入れていますので参考にしてください。
- 食べごろは寝かせる時間の目安にしてください。
- （冷蔵）とあるものは冷蔵庫に入れて保存してください。
- 保存期限は仕込んだ日から換算した日数です。
  素材の鮮度や季節により異なる場合があるので、
  表示の期限を目安に判断してください。

◎ 調理について

- 大さじ1＝15ml、小さじ1＝5ml、1カップ＝200mlです。
- 電子レンジやオーブンの加熱時間は目安です。
  メーカーや機種により異なる場合があるので
  様子を見ながら調整してください。

PART 1

Viande

肉

熟成といえば、
まず肉をイメージする人も多いはず。
塩漬けにするだけの簡単なものから、
じっくり仕込む
ロースハムやコンフィまで、
家庭で作りやすい
アレンジ料理とともに紹介します。
うまみが凝縮した熟成肉のおいしさを
存分に味わってください。

Porc Salé

塩豚

肉に塩をもみ込むことで余分な水分が抜けてうまみが増します。
使い勝手のよい豚バラや肩ロースで作るといろいろな料理で重宝します。

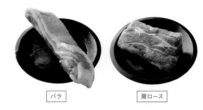

バラ　　　　　　　肩ロース

材料 (作りやすい分量)

豚バラ (または肩ロース) かたまり肉…500g

塩…15g (肉の重量の3%)

※塩分が気になる方はお好みで塩を6〜8g (1.2〜1.5%) まで減らしてもOK。
　ただし、ゆでる調理にする場合は、ゆでている間に塩分が抜けるため3%がベスト。

作り方

1 豚肉全体に塩を均等に
ふり、手でもみ込む。

2 ラップでしっかり密閉
し、冷蔵庫で保存する。

3 使用時はキッチンペー
パーで出てきた水分を
ふきとる。

シンプルな食べ方
▼
【焼く】
塩豚のソテー
食べやすい厚さに切り分け、
サラダ油をひいたフライパンで香ばしく強火で焼く。
お好みでたっぷりの野菜を添え、
黒こしょうをふる。

焼き塩豚とねぎの丼 黄身がらめ

焼いた塩豚を卵黄にからめてとろりとごはんにのせました。
香りのよい薬味やねぎといっしょにいただきます。

材料 (2人分)

塩豚 (バラ)…250g
白ねぎ…¼本
みょうが…3個
万能ねぎ…お好みの量
ごはん…丼2杯分
A ┌ ごま油…小さじ1
  │ しょうゆ…小さじ1
  └ 卵黄…2個分
白ごま…適量

作り方

1 塩豚は1cm幅、5cm長さの棒状に切
  る。白ねぎ、みょうがはせん切りにし、
  万能ねぎは刻む。

2 フライパンを熱し、かるく煙が出てき
  たらごま油 (分量外) を入れ、塩豚の両
  面をこんがり焼く。

3 ボウルに2とみょうが、万能ねぎを入
  れ、Aを加えて混ぜ合わせる。

4 丼にごはんを盛り、3と白ねぎをのせ、
  白ごまをふりかける。

塩豚と白菜のポトフ

ホロッとくずれる肉とくたっと煮えた白菜がたまらないおいしさ。
塩豚と野菜のだしが溶け出したスープも身体にしみわたります。

材料（2人分）

塩豚（バラ）…500g
白菜…¼株
玉ねぎ…1個
ソーセージ（市販品）…4本くらい

A
白ワイン…100ml
ワインビネガー…小さじ2
ジュニパーベリー（またはクローブ）…5粒
ローリエ…1枚
固形ブイヨン…9g（約2個）

水…適量
塩・こしょう…各適量
粗挽き黒こしょう・パセリ…各適量
ディジョンマスタード（または粒マスタード）…適量

作り方

1 塩豚は5cm角に切る。白菜は芯を細
切りに、葉はざく切りにする。玉ねぎ
は薄切りにする。

2 深めの鍋に1とAを入れ、材料がかぶ
るくらいまで水を注いで強火にかける。

3 沸騰したらアクをとり、ふたをして弱
火で1時間半ほど煮込み、ソーセージ
を加えてさらに30分ほど煮込む（肉が
くずれるくらい柔らかくなったら完成）。

4 塩、こしょうで味を調え、皿に盛る。
粗挽き黒こしょう、パセリのみじん切
りを散らし、お好みでディジョンマス
タードを添える。

ゆで塩豚の韓国風

時間をかけてゆでた塩豚は柔らかくてジューシーです。
キムチやニラといっしょに葉野菜で巻き、甘辛味噌をつけていただきます。

材料 (2人分)

塩豚 (バラ)…250g
昆布…1枚
水…適量
サニーレタス…4枚
サンチュ…4枚
ニラ…½束
白菜キムチ…適量
〈甘辛味噌〉
┌ コチュジャン…15g
│ 味噌…15g
│ はちみつ…15g
│ 白ごま…10g
└ ごま油…10g

作り方

1 ボウルに甘辛味噌の材料を入れ、混ぜ合わせる。
2 鍋にかたまりのままの塩豚と昆布を入れ、水をひたひたになるまで注いで強火にかける。
3 沸騰直前に昆布を出し、沸騰したらアクをとり、ふたをして弱火で1時間半〜2時間ほど肉が柔らかくなるまでゆでる。
4 ゆで上がった塩豚をバットなどに入れて常温になるまで冷まし、2〜3cm幅に切る。
5 皿に盛りつけ、サニーレタス、サンチュ、5cm長さに切ったニラ、白菜キムチ、甘辛味噌を添える。

ゆで塩豚のポン酢もみじおろしあえ

ゆでた塩豚は合わせる調味料を替えるといろいろな味で楽しめます。
ポン酢ともみじおろしをかければ、さっぱりした和風のおかずに。

材料 (2人分)

塩豚 (バラ)…250g
昆布…1枚
水…適量
ポン酢…適量
もみじおろし (市販品)…適量
万能ねぎ・白ねぎ…各適量

作り方

1 鍋にかたまりのままの塩豚と昆布を入れ、水
をひたひたになるまで注いで強火にかける。

2 沸騰直前に昆布を出し、沸騰したらアクをと
り、ふたをして弱火で1時間半〜2時間ほど
肉が柔らかくなるまでゆでる。

3 ゆで上がった塩豚をバットなどに入れて常温
になるまで冷まし、2〜3cm幅に切る。

4 皿に盛りつけてたっぷりのポン酢をかけ、も
みじおろし、小口切りにした万能ねぎ、せん
切りにした白ねぎをのせる。

Bœuf Salé

塩牛

牛肉も豚肉と同じように塩漬けにすれば保存がきくので便利です。
もも肉はローストビーフに、うまみの濃厚なすね肉は煮込み系がおすすめ。

もも　　　　　　すね

材料 (作りやすい分量)

牛もも (またはすね) かたまり肉…500g
塩…6〜8g (肉の重量の1.2〜1.5%)

作り方 (p.18参照)

牛肉全体に塩をふって手でもみ込み、ラップ
で密閉し、冷蔵庫で保存する。使用時はキッ
チンペーパーで出てきた水分をふきとる。

シンプルな食べ方 ▶【焼く】

ローストビーフ

「フライパンだけで牛ももローストビーフ」(p.27)を作り、
食べやすい厚さにスライスし、お好みでクレソンを添える。
塩やしょうがのすりおろし、わさびをつけていただく。

ローストビーフのカルパッチョ

本格的なローストビーフがフライパンで簡単に作れます。
まずはシンプルにそのまま食べて、次はカルパッチョでどうぞ。

材料（2人分）

ローストビーフ（下記参照）…10枚
黒こしょう（ホール）…適量
レモン汁…⅛個分
オリーブオイル…適量
パルミジャーノ・
レッジャーノチーズ…20g
イタリアンパセリ…少々

作り方

1　薄くスライスしたローストビーフを皿に並べる。

2　粗めに砕いた黒こしょう、レモン汁、オリーブオイルをかけ、薄くスライスしたパルミジャーノ・レッジャーノチーズをのせ、イタリアンパセリを飾る。

フライパンだけで牛ももローストビーフ

塩牛（もも肉）は冷蔵庫から出して常温で2時間ほどおき（肉の冷たさをとる）、たっぷりの黒こしょうを全体にふりかける。熱したフライパンにオリーブオイルを入れ、肉を1分ごとに焼き面を替えながら中火で10分ほど焼く。弱火にして10〜15分ほど転がしながらさらに焼き、肉を押して弾力があればとり出してアルミホイルで包み、常温で30分おく。

◎アルミホイルに包んで冷蔵庫で3日間ほど保存可能。

翌日からがうまい
塩すね肉のキーマカレー

すぐに食べてもおいしいけれど、このレシピは翌日からが食べごろ。
塩牛のうまみがしみ込み、濃厚で深みのある味わいになります。

材料(2人分)

塩牛(すね肉)…250g

カットトマト
(水煮缶詰)…1缶(250g)

A ┌ 玉ねぎ…1個
  │ にんじん…1本
  └ セロリ…1本

にんにく…2片
しょうが…½片
水…適量
カレー粉…10g
砂糖…ひとつまみ
塩・こしょう…各適量
チリパウダー…お好みの量
サラダ油…適量
パセリのみじん切り…適量

ひき肉の代わりにうまみたっぷ
りの塩牛を細かく刻んで加える。

作り方

1 鍋にかたまりのまま塩牛を入れ、水をひた
ひたになるまで注ぎ、強火にかける。沸騰
したらアクをとり、ふたをして弱火で1時
間半～2時間ほど肉が柔らかくなるまでゆ
でる。ゆで汁は300ml分をとっておく。

2 1の塩牛を包丁で細かく刻む(写真)。Aの野
菜はすべてみじん切りにする(ミキサーにか
けてもOK)。

3 熱した鍋にサラダ油を入れ、みじん切りに
したにんにくとしょうがを弱火で炒める。
香りが出てきたらAの野菜を加え、中火で
炒める。

4 野菜の水分がほとんどなくなったらカレー
粉を加え、1分ほどよく混ぜながら炒める。
カレー粉の香りが出たら、刻んだ肉、カッ
トトマト、砂糖、1のゆで汁を加え、中火
で30分煮る。

5 塩、こしょう、チリパウダー(辛さを調節)
で味を調える。器に盛ってパセリを散らし、
お好みでパン、クスクス、ごはんなどとい
っしょにいただく。

◎保存容器に入れ、冷蔵庫で5日間ほど保存可能。

Poulet Sale

塩鶏

鶏肉に塩をもみ込んでおくだけで、ぐっとおいしさが増します。
パサつきがちなむね肉も、塩漬け効果でしっとり柔らかくなります。

もも　　　　　　　　むね

材料（作りやすい分量）
鶏もも肉（またはむね肉）…1枚
塩…肉の重量の1.2〜1.5％

作り方（p.18参照）
鶏肉全体に塩をふって手でもみ込み（むね肉は皮があ
れば除く）、ラップで密閉し、冷蔵庫で保存する。使
用時はキッチンペーパーで出てきた水分をふきとる。

シンプルな食べ方 ▶【焼く】

塩鶏もも肉のソテー

熱したフライパンにオリーブオイルを入れ、
塩鶏を皮目から弱火でじっくり焼く。
両面に焼き色がついて中まで火が通ったら、
食べやすい大きさに切り、お好みで粒マスタードを添える。

塩鶏むね肉の超簡単ハム

むね肉を熱湯に入れておくだけ。驚くほど簡単に作れるハムです。
肉に塩気があるので、ごはんのおかずにもおつまみにもなります。

材料（2人分）

塩鶏（むね肉）…約300g
水…1リットル
固形ブイヨン…9g（約2個）
柚子こしょう…適量
クレソン…少々

作り方

1 鍋に水と固形ブイヨンを入れ、火にかける。

2 沸騰したら火を止めて塩鶏を入れ、そのまま常温になるまで冷ます。

3 鶏肉を皿などに出して冷蔵庫に入れ、完全に冷ます。

4 お好みの厚さにスライスして皿に盛り、お好みで柚子こしょう、クレソンを添える。

◎ラップに包み、冷蔵庫で3日間ほど保存可能。

塩鶏もも肉の唐揚げ
コチュジャンソース

塩鶏で作る唐揚げはいつもとひと味違うワンランク上の味。
甘辛いコチュジャンソースでお酒にも合う一品になります。

材料 (2人分)

塩鶏 (もも肉)…1枚
にんにく・しょうがの
すりおろし…各1片分
片栗粉…適量
サラダ油…適量
〈コチュジャンソース〉
┌ ナンプラー…小さじ1
│ ケチャップ…小さじ1
│ コチュジャン…小さじ1
│ はちみつ…小さじ1
│ 白ごま…小さじ1
└ ごま油…少々
パクチー…適量

作り方

1 塩鶏を4等分に切り、にんにく、しょうが
  をもみ込み、冷蔵庫で1時間ほどおく。

2 ボウルにコチュジャンソースの材料を入
  れ、混ぜ合わせる。

3 鶏肉に片栗粉をまぶし、余分な粉をはたく。
  フライパンに半分の高さまでサラダ油を注
  いで160〜170℃に熱し、両面がきつね
  色になるまで揚げ焼きにする (写真)。

4 皿に盛ってちぎったパクチーをのせ、コチ
  ュジャンソースを添える。

鶏肉を入れたらあまり動かさな
いこと。片面がきつね色になっ
たら裏返す。

Bacon Cru

生ベーコン

生ベーコンは燻製にする手間がないので手軽に作ることができます。
脱水シートを換えながら肉の水分をしっかり抜くのがポイント。

材料 (作りやすい分量)

豚バラかたまり肉…500g

塩…15g (肉の重量の3%)
※塩分が気になる方はお好みで塩を
　6〜8g (1.2〜1.5%) まで減らしてもOK。

エルブドプロヴァンス…適量
※ない場合はタイム、ローリエ、オレガノ、
　ローズマリーから2種以上を混ぜる。

こしょう…適量

作り方

1 豚肉全体に塩を均等にふり、手でもみ込む。

2 ラップでしっかり密閉し、冷蔵庫で一晩おく。

3 豚肉から出てきた水分をキッチンペーパーでふきとる。

4 エルブドプロヴァンス、こしょうを全体にまぶす。

5 脱水シートでぴったり包んで輪ゴムでしばり、7〜10日間冷蔵庫で寝かせる（2日ごとに脱水シートを交換する）。

シンプルな食べ方
▼

【焼く】

ベーコンのソテー

食べやすい厚さに切り、
熱したフライパンにオリーブオイルを
入れてこんがり焼く。
お好みで黒こしょうをかけ、
野菜を添える。

生ベーコンと温玉のリヨン風サラダ

ベーコンやポーチドエッグを入れるリヨン風のサラダを温玉でアレンジ。
卵をとろっとくずして野菜といっしょに混ぜていただきます。

材料 (2人分)

生ベーコン…100g
サニーレタス・
グリーンカール…各2枚
トマト…½個
きゅうり…½本
温泉卵…1個
フレンチドレッシング
(下記。または市販品)…適量
オリーブオイル…適量
クルトン・パセリのみじん切り・
パプリカパウダー…各適量

作り方

1 サニーレタス、グリーンカールは適当な大き
   さにちぎり、氷水に30分ほどつけ、水気を
   よくきって冷蔵庫で冷やす。トマトは4等分、
   きゅうりは乱切りにする。

2 生ベーコンは1cm幅、3cm長さの棒状に切
   る。熱したフライパンにオリーブオイルを入
   れて焼き色がつくまで炒め、キッチンペーパー
   で油をきる。

3 ボウルに1と2を入れ、フレンチドレッシン
   グであえる。皿に盛り、温泉卵をのせ、クル
   トン、パセリ、パプリカパウダーを散らす。

フレンチドレッシングの材料と作り方
(作りやすい分量)

玉ねぎ (½個)、にんにく (1片) はすりおろしてボウルに入れ、
マスタード (小さじ1)、米酢 (80ml)、塩 (5g)、黒こしょう (適
量) を加えて塩が溶けるまで混ぜ、サラダ油 (200ml) を少し
ずつ加えて混ぜ合わせる。
◎保存容器に入れて冷蔵庫で5日～1週間保存可能。

生ベーコンときのこのオムレツ

ベーコンの塩気がほんのりきいたやさしい味のオムレツです。
お好みのきのこをたっぷり使って作ってみてください。

材料（2人分）

生ベーコン…20〜30g
お好みのきのこ
（まいたけ、マッシュルームなど）…100g
玉ねぎ…50g
塩・こしょう・サラダ油…各適量

A ┌ 卵…2個
  │ 牛乳…大さじ2
  │ 生クリーム…大さじ1
  └ 粉チーズ…40g

※とろけるチーズを細かく刻んでもOK。

作り方

1 きのこは石づきがあればとって小房に分ける。生ベーコンと玉ねぎは1cm角に切る。

2 熱したフライパンにサラダ油を入れて1を炒め、塩、こしょうで味を調え、ココットやグラタン皿などの耐熱容器に入れる。

3 Aを混ぜ合わせて卵液を作り、2に流し入れて全体をかるく混ぜ合わせる。

4 180℃に予熱したオーブンで20〜30分焼く。

Jambon

ロースハム

お店で出しているロースハムを家庭で作りやすい方法で紹介します。
手作りのハムは一度食べたらやみつきになる格別のおいしさです。

材料（作りやすい分量）

豚ロースかたまり肉…500g

〈ソミュール液〉

- 水…1リットル
  塩…60〜70g
  （水の重量の6〜7%）
  玉ねぎ…½個
  にんじん…½本
  セロリ…½本
  にんにく…1片
  黒こしょう(ホール)…10粒
- 鷹の爪…2本

〈ボイル液〉

- 水…1リットル
- 固形ブイヨン…9g（約2個）

下準備

• ソミュール液を仕込む。野菜
はすべて薄切りにし、鍋にすべ
ての材料を入れ、火にかける。
沸騰したらボウルに移し、氷水
にあてて急冷する。

作り方

1 豚肉に金ぐし（なければフォーク）などで等間隔に10カ所ほど穴をあける。

2 冷やしたソミュール液に豚肉を入れ、冷蔵庫で3〜5日間漬け込む。

3 鍋にボイル液を入れて火にかけ、沸騰したらソミュール液から出した豚肉を入れて火を止める。

4 ふたをしてそのまま常温になるまで冷ます。常温になったら肉をとり出す。

5 再びボイル液を沸騰させ、4の肉を入れて火を止める。常温になるまで冷まし（2回目はふたをしない）、肉をラップに包み、冷蔵庫で保存する。

シンプルな食べ方
▼

【そのまま】

薄くスライスして
お好みで黒こしょうをかける。

ロースハムとカマンベールのオープンサンド

ハムとチーズの組み合わせは抜群の相性のよさ。
ワインのおともにもぴったりのさっと作れるレシピです。

材料 (2人分)

ロースハム (薄くスライス) … 4枚
カマンベールチーズ … 40g
ルッコラ … 適量
バゲット (2cm厚さに斜めに切る)
… 2切れ
バター … 適量
オリーブオイル … 適量
黒こしょう (ホール) … 適量

作り方

1 カマンベールチーズはお好みの厚さに切る。

2 バゲットはオーブントースターで両面をこんがり焼き、片面にバターを塗る。

3 バゲットにカマンベールチーズ、ロースハム、ルッコラを順にのせ、オリーブオイルと粗く砕いた黒こしょうをかける。

厚切りロースハムのステーキ

ロースハムを厚切りにして焼いただけで立派なごちそうになります。
ハムに味がついているので、調味料なしでもじゅうぶんうまい！

材料 (2人分)

ロースハム (3cm厚さに切る)
…2枚
パイナップル…適量
オリーブオイル…適量
黒こしょう…適量

作り方

1 熱したフライパンにオリーブオイルを入れ、ロースハムと食べやすい大きさにカットしたパイナップルを中火で両面に焼き色がつくまで焼く。

2 皿に盛りつけ、ロースハムにたっぷりの黒こしょうをかける。

塩

塩は熟成には欠かせない調味料なので、お気に入りを見つけるとよいでしょう。お店では料理に天日塩、岩塩、湖塩などの天然塩を使っています。精製塩は人為的に加工されており、ナトリウム分が多いので、味にまるみがありません。塩は本来カルシウム、ミネラル分、マグネシウムを含み、それがうまみや甘みを生むのです。お店では内モンゴル自治区の湖でできる湖塩を使用しています。塩辛いだけではなく、ほのかな甘みを感じる欠かせない存在で、さらさらしていて使い勝手もよいです。天日塩や湖塩などの粒の細かい塩は、味のなじみが早くてマイルドなので、下味をつけたり、塩漬けに使ったりと何にでも使えます。粒の粗い岩塩は料理の仕上げなど味のアクセントとして使うと効果的で、特に牛肉などの赤身肉に合います。

オイル

お店では鴨や豚の油脂なども使用していますが、家庭ではサラダ油とオ
リーブオイルがあればじゅうぶんです。サラダ油は低温で凝固する成分を
取り除いて精製された植物油なので、冷蔵庫に入れても固まらず、オイ
ル漬けなどの保存後も食材が取り出しやすくて便利です。ただサラダ油だ
けでは風味が弱いため、風味をつけたい場合はオリーブオイルとサラダ油
を同量ずつ混ぜるのがおすすめ。サラダ油はできれば遺伝子組み換え材
料不使用で製造の際に石油化学製品を使用していない無添加のものを選びましょう。
お店では米澤精油のなたねサラダ油を主に使用しています。普通のサラダ油よりコク
があるので重宝します。オリーブオイルはイタリア産のエキストラバージンオイルを中
心に、サラダなどの非加熱用にはオーガニックのものも使っています。

51

Confit de porc

豚コンフィ

「コンフィ」は低温の油でゆっくり煮るフランス料理の調理法です。
肉はしっとり柔らかくなり、保存性も高くなります。

材料（作りやすい分量）
豚肩ロースかたまり肉…500g
塩…6〜8g（肉の重量の1.2〜1.5%）
サラダ油…適量

作り方

1 豚肉全体に塩を均等にふり、手でもみ込む。

2 ラップでしっかり密閉し、冷蔵庫で一晩おく。

3 豚肉から出てきた水分をキッチンペーパーでふきとる。

4 鍋に豚肉を入れ、サラダ油をひたひたになるくらいまで注いで火にかける。

5 油が80℃になるまで熱し、80℃を保ったまま弱火で3時間ほど煮る。

6 火を止めて常温になるまで冷まし、油ごと保存容器に入れて冷蔵庫で保存する。

シンプルな食べ方

▼

【焼く】

豚コンフィのオーブン焼き

かたまりのまま200℃に予熱したオーブンで20分ほど焼き、
食べやすい厚さに切り分ける。 お好みでパセリのみじん切りを
散らし、ディジョンマスタードを添える。

豚コンフィのコロッケ

ひき肉の代わりに豚コンフィを刻んで入れた贅沢なコロッケ。
味つけをしてから揚げるので何もつけずにおいしく食べられます。

材料 (2人分)

豚コンフィ…150g
じゃがいも…150g (中1個)
玉ねぎ…½個
塩・こしょう…各適量
小麦粉・溶き卵・
パン粉…各適量
サラダ油…適量
サニーレタス・コルニッション
…各適量

作り方

1 豚コンフィは粗みじん切り、玉ねぎはみじ
ん切りにする。じゃがいもは柔らかくなる
までゆで、熱いうちにつぶしてボウルに入
れる。

2 フライパンにサラダ油を熱して玉ねぎを炒
め、しんなりしてきたら豚コンフィを加え、
香ばしくなるまで炒める。

3 2を肉汁ごと1のボウルに加えて混ぜ合わ
せ (写真)、塩、こしょうで味を調える。

4 3を成形し、小麦粉をまぶして余分な粉を
はたき、溶き卵にくぐらせ、パン粉をまぶす。

5 フライパンに半分の高さまでサラダ油を注
いで160～170℃に熱し、両面をこんが
り揚げ焼きにする。

6 器に盛り、お好みでサニーレタスやコルニ
ッションを添える。

肉汁にも豚コンフィのうまみが
含まれているので残さず加える。

Confit de poulet

鶏コンフィ

豚肉のコンフィと同じ方法で鶏肉でも作ることができます。
ゆっくり時間をかけて煮るので、うまみの多い骨つき肉がおすすめ。

材料（作りやすい分量）
骨つき鶏もも肉
（骨なしでも可）…**2本**
塩…肉の重量の1.2〜1.5%
サラダ油…適量

作り方（p.52参照）

1 鶏肉全体に塩をふって手でもみ込み、ラップでしっかり密閉
し、冷蔵庫で一晩おく。

2 水分をふいて鍋に入れ、サラダ油をひたひたになるまで注い
で火にかける。油が80℃になるまで熱し、80℃を保ったま
ま弱火で2〜3時間ほど肉が柔らかくなるまで煮る。常温に
なるまで冷まし、油ごと保存容器に入れて冷蔵庫で保存する。

シンプルな食べ方 ▶

【焼く】

鶏コンフィの
フライパン焼き

熱したフライパンに
オリーブオイルを入れ、
皮目から弱火でじっくり焼き、
こんがり焼き色をつけて
中まで火を通す。
お好みで野菜を添える。

鶏コンフィのオニオングラタンスープ

ホロッとくずれる柔らかい肉と、鶏のだしが溶け出したスープは絶品。
玉ねぎはじっくり飴色になるまで炒めて甘みを引き出します。

材料 (2人分)

鶏コンフィ (骨つきもも肉)…1本
玉ねぎ…2個
サラダ油…適量

A
- 鶏コンフィの煮汁 (オイル)
  …小さじ1
- こしょう…適量
- 水…300ml
- 固形ブイヨン…3g (1個弱)

バゲット…適量
グリエールチーズ…適量
※ない場合はピザ用チーズで代用可。

作り方

1 玉ねぎは薄切りにし、熱した鍋にサラダ
油を入れて中火で炒める。鍋底が茶色く
なってきたら、少量の水 (分量外) を入れ
てこそげとる。これを繰り返して飴色に
なるまで炒める (炒める前に玉ねぎを耐熱皿に
広げ、600Wの電子レンジで10分ほど加熱すると炒
める時間が短縮できる)。鶏コンフィは皮と骨
をとり、包丁で細かくほぐす (骨は残してお
く)。

2 鍋に1とA、骨を入れて火にかけ、沸騰
したら弱火で30分ほど煮る (煮上がったら
骨はとり出す)。

3 バゲットは3cm角に切り、オーブント
ースターでカリッとするまで焼く。

4 耐熱容器に2を入れ、3とグリエールチ
ーズを散らし、200℃に予熱したオー
ブンで15〜20分焼く。

Rillettes de Porc et l'ail saveur

豚肉とにんにく風味のリエット

リエットは肉をラードで煮込んでペースト状にしたフランスの定番料理。
肉はうまみを逃がさないように、煮込む前に焼き目をつけておきます。

材料 (作りやすい分量)

豚バラかたまり肉…500g
玉ねぎ…¼個
にんにく…20g
サラダ油…適量

A
┌ 白ワイン…100ml
│ ラード…200g
│ 塩…5〜6g
│ 黒こしょう…適量
│ エルブドプロヴァンス
└ …小さじ½

※ない場合はタイム、ローリエ、
オレガノ、ローズマリーから
2種以上を混ぜる。

下準備

• 豚肉は5cm角に切り、
サラダ油をひいたフライ
パンで全面に焼き目がつ
くまで焼く。
• 玉ねぎ、にんにくは薄
切りにする。

作り方

1 下準備した豚肉、玉ね
ぎ、にんにくと**A**を鍋
に入れる。

2 ふたをして弱火で2時
間ほど肉が柔らかくな
るまで煮込む。

3 常温になるまで冷ま
し、すべてミキサーに
入れる。

4 粗めに撹拌し、保存容
器に入れ、完全に冷め
たら冷蔵庫で保存す
る。

シンプルな食べ方
▼
【そのまま】
カットしたバゲットに塗っていただく。

61

豚肉リエットの香草サラダ

バゲットにリエットを塗ったものを野菜にのせてサラダにしました。
にんにくのきいた濃厚な味がちょうどよいアクセントになります。

材料(2人分)

豚肉とにんにく風味のリエット…50g

バゲット(2cm厚さにカット)…4切れ

クレソン…1束

エンダイブ
(またはサニーレタスやグリーンカール)…4枚

ルッコラ…1束

プチトマト(赤・黄)…各適量

フレンチドレッシング
(p.41参照。または市販品)…適量

パセリのみじん切り・
パプリカパウダー…各適量

作り方

1 クレソンとエンダイブは軸の部分を除いて食べやすい大きさにちぎり、ルッコラとともに氷水に30分ほどつけ、水気をよくきって冷蔵庫で冷やす。プチトマトは半分に切る。

2 バゲットはオーブントースターでこんがり焼き、リエットを塗る。

3 ボウルに1の野菜を入れ、フレンチドレッシングであえる。皿に盛りつけ、2のバゲットをのせる。お好みでパセリ、パプリカパウダーを散らす。

リエットおかかめし

リエットにかつお節としょうゆを混ぜ、ごはんに合うそぼろ風に。
クリームチーズもいっしょに入れてコクをプラスしました。

材料（2人分）

豚肉とにんにく風味のリエット…50g
クリームチーズ…20g
かつお節・白ごま…各適量
しょうゆ…適量
ごはん…適量

作り方

1 リエットは常温において柔らかくなるまでもど
す。クリームチーズは小さく切る。

2 ボウルにリエット、かつお節、しょうゆを入れ
て混ぜ、団子状に丸める。

3 2とクリームチーズを中に入れ、おにぎりをに
ぎる。皿に盛り、かつお節と白ごまをかける。

Pate de champagne

パテ ド カンパーニュ

豚ひき肉にレバーペーストを混ぜて焼くフランスの代表料理。
お酒に合う濃厚な味です。寝かせると味が引き締まっておいしくなります。

材料
(9cm×19cm×5cmの
テリーヌ型1個分)

┌ 鶏レバー…100g
└ 牛乳…適量

豚バラのひき肉…400g

※購入する際にお店でやってもらう。
　または豚ひき肉でも可。

にんにく…1片

玉ねぎ…½個

サラダ油…適量

┌ 生クリーム…大さじ2
│ 溶き卵…1個分
A│ 塩…6g
│ こしょう…適量
└ キャトルエピス…小さじ½

　　　※ない場合はナツメグ、クローブ、
　　　　ジンジャー、シナモンから
　　　　2種以上を混ぜる。

ローリエ…3枚

下準備

＊鶏レバーは筋を除き、牛乳に浸して冷蔵庫で一
晩おき、臭みをとる。
＊にんにくと玉ねぎはみじん切りにし、熱した
フライパンにサラダ油を入れてしんなりするま
で炒め、粗熱がとれたら冷蔵庫で冷やしておく。

作り方

1 レバーを流水できれいに洗っ
てキッチンペーパーで水分を
ふき、ミキサーでピューレ状
にする。

2 ボウルに豚肉と**1**、炒めたに
んにくと玉ねぎ、**A**を入れ、
粘り気が出るまで全体をよく
混ぜ合わせる。

3 型にサラダ油を塗って、**2**を入
れ、トントンと下に打ちつけ
て空気を抜き、ローリエを並
べてアルミホイルをかぶせる。

4 天板やバットに置いて型の⅓
の高さくらいまで湯を注ぎ、
140〜150℃に予熱したオー
ブンで1時間ほど湯せん焼
きにする。型のまま常温まで
冷まし、冷蔵庫で保存する。

シンプルな食べ方
▼
【そのまま】

食べやすい厚さに切り分けていただく。
お好みで粗挽き黒こしょうをかけ、
ディジョンマスタード、コルニッションを添える。

パテカンバーガー

パテを厚めにカットしてボリューム満点のハンバーガーにしました。
イングリッシュマフィンではなく、食パンにはさんでサンドイッチにしても。

材料(2人分)

パテ ド カンパーニュ
(2cm厚さに切る)…2枚
イングリッシュマフィン…2個
玉ねぎ…½個
トマト…½個
コルニッション…2個
サニーレタス…2枚
バター…適量
ディジョンマスタード
(またはマスタード)…お好みの量
黒こしょう…適量
サラダ油…適量

作り方

1 玉ねぎは2cm厚さの輪切りにし、サラダ油
  をひいたフライパンで両面をこんがり焼く。
  トマトは1cm厚さに切り、コルニッション
  は縦半分に切る。

2 イングリッシュマフィンは半分に割ってオー
  ブントースターでこんがり焼き、両面にバタ
  ーを塗る。

3 片方のパンにはサニーレタス、トマト、焼い
  た玉ねぎ、コルニッションを順にのせ、もう
  片方にはパテをのせ、マスタードを塗って黒
  こしょうをかける (写真)。

4 皿に盛り、両側を重ねてサンドする。

水っぽくなるので野菜は余分な水分をき
ってからのせる。

La terrine du style de la saucisse

腸詰めしない
テリーヌ風ソーセージ

腸詰めにせずに作るこの方法は、型のまま保存できるので便利です。
オーブンで火を入れてから寝かせ、味を落ち着かせていきます。

材料
（9cm×19cm×5cmの
テリーヌ型1個分）

豚ひき肉…500g
玉ねぎ…½個
にんにくのすりおろし
…1片分
牛乳…大さじ2
パン粉…大さじ1
溶き卵…½個分
エルブドプロヴァンス
…小さじ1
※ない場合はタイム、ローリエ、オレガノ、
　ローズマリーから2種以上を混ぜる。
塩…5g
こしょう…適量
サラダ油…適量

下準備

*玉ねぎは薄切りにし、熱したフライパンにサラダ油を入れてしんなりするまで炒め、粗熱がとれたら冷蔵庫で冷やしておく。

作り方

1 ボウルにサラダ油以外の材料をすべて入れる。

2 粘り気が出るまでよく混ぜ合わせる。

3 型にサラダ油を塗って2を入れ、トントンと下に打ちつけて空気を抜き、ふたをするかアルミホイルで覆う。

4 天板やバットに置いて型の⅓の高さくらいまで湯を注ぎ、140〜150℃に予熱したオーブンで1時間ほど湯せん焼きにする。型のまま常温まで冷まし、冷蔵庫で保存する。

シンプルな食べ方

▼

【焼く】

テリーヌ風ソーセージのソテー

お好みの厚さに切り、熱したフライパンに
オリーブオイルを入れて両面をこんがり焼く。
お好みで粗挽き黒こしょうをかけ、
ディジョンマスタード、ハーブを添える。

ハーブやスパイスは、コンフィやオイル漬けなどのオイルを使う調理には欠かせない存在です。味のアクセントとしてはもちろん、素材の臭み消しや香りづけに活躍します。使い勝手がよいのはタイム、ローズマリー、ローリエ、黒こしょう、鷹の爪など。防腐作用がある鷹の爪は保存を目的とする料理に用います。スパイスは粉末ではなくホールのままがおすすめ。味が強くなりすぎず、ゆっくり風味をうつすことができます。レシピでも登場するジュニパーベリーはジンに使われている実で、少し苦みのある独特な香りが肉料理などによく合います。エルブドプロヴァンスやキャトルエピスなどのミックスハーブやスパイスは、入れるだけで奥行きのある本格的な味になるので重宝します。難しいルールはないので、いろいろ試して自分の好きな風味を見つけてみてください。

PART
2

Poisson

魚介

オイル漬けやコンフィなど、
魚介を使ったおすすめ
のレシピを紹介します。
自家製のアンチョビやツナ、
オイルサーディンは、
市販の缶詰とは
ひと味もふた味も違うおいしさ。
意外と簡単にできるので、
ぜひ作ってみてください。

Anchois fait à la maison

自家製アンチョビ

いわしを塩漬けにしておいておくだけでアンチョビが作れます。
一度作れば半年はもつので、多めに仕込んでおくとよいでしょう。

材料
いわし…お好みの量
塩…適量
オリーブオイル…適量

作り方

1 いわしは3枚におろし、頭、内臓、腹骨をとる。

2 容器に均等に並べて表面が真っ白になるまで塩をふり、再びいわしを重ねる。

3 2を繰り返して仕込む分だけ重ねていき、一番上も表面が真っ白になるまで塩をふる。

4 塩が溶けていわしから水分が出るまでふたをして冷蔵庫におく(目安は1カ月)。

5 流水でいわしの余分な塩を洗い流し、キッチンペーパーで水分をふきとる。

6 煮沸消毒をした保存瓶にいわしを詰め、ひたひたになるくらいオリーブオイルを注ぐ。常温に1〜2週間おいてから冷蔵庫の野菜室で保存する。

シンプルな食べ方
▼
【焼く】
ウフマヨ

熱したフライパンにオリーブオイルを入れ、
アンチョビの両面をこんがり焼いて適当な大きさに切る。
ゆで卵にマヨネーズ、アンチョビをのせ、
お好みでパセリのみじん切り、
パプリカパウダーを散らし、オリーブオイルをかける。

万能アンチョビソース

ソースにしておけばパスタなど
いろいろな料理に活用できます。

材料 (作りやすい分量)

自家製アンチョビ…50g
にんにく…10片
玉ねぎ…½個
オリーブオイル…適量
水・牛乳…各適量

作り方

1 自家製アンチョビはみじん切りにす
  る。にんにくは半分に切って芽をとり、
  玉ねぎは薄切りにする。

2 にんにくを鍋に入れ、ひたひたになる
  まで水と牛乳を同量ずつ入れ、えぐみ
  をとるため弱〜中火で10分ほど煮る。

3 鍋に2のにんにくと玉ねぎ、アンチョ
  ビを入れ、ひたひたになるまでオリー
  ブオイルを注ぎ、弱火で15分ほど煮
  る。粗熱がとれたら、ミキサーでピュ
  ーレ状にする。

◎保存容器に入れて冷蔵庫で
　3日間ほど保存可能。

万能アンチョビソースで作る

タプナードソース

オリーブを加えてさらにアレンジ。
魚や肉、野菜のソテーなどに。

材料 (作りやすい分量)

万能アンチョビソース(左記)…5g
ブラックオリーブ(種抜き)…100g
ケッパー…10粒
オリーブオイル…大さじ2

作り方

1 ミキサーに水気をきったブラックオリ
  ーブ、ケッパー、万能アンチョビソー
  ス、オリーブオイルを入れ、攪拌する。

◎保存容器に入れて冷蔵庫で
　3日間ほど保存可能。

万能アンチョビソースで作る

野菜の蒸し焼き

アンチョビソースで旬の野菜をシンプルに味わってください。
野菜は焼き色をつけながら蒸し焼きにし、香ばしさと甘みを出します。

材料

万能アンチョビソース（p.80）
…お好みの量
季節の野菜
（れんこん、にんじん、なす、マッシュルーム、
オクラなど5種類ほど）
…お好みの量
塩・こしょう…各適量
オリーブオイル…適量
パプリカパウダー…適量

作り方

1 根菜やいもは下ゆでをしておく。

2 鍋を熱してオリーブオイルをひき、野菜を入
れる（火の通りやすい野菜は少しあとに入れる）。ふた
をして中火で全体に焼き色がつくまで蒸し焼
きにする。

3 キッチンペーパーで焼き上がった野菜の余分
な油をふき、かるく塩、こしょうをする。

4 皿に万能アンチョビソースを敷き、3の野菜
を盛りつけ、お好みでパプリカパウダーをふ
りかける（野菜の上にソースをかけてもよい）。

Thon fait à la maison

自家製ツナ

マグロはオイルで少し煮たら火を止め、余熱で火を入れます。
レモンの風味がきいたやさしい味で、そのまま食べてもおいしいです。

材料 (作りやすい分量)

マグロ赤身…1さく（200g前後）
塩…マグロの重量の
1.2〜1.5%
ローリエ…1枚
黒こしょう(ホール)…10粒
レモン…½個
サラダ油…適量

下準備

●レモンは1cm厚さにスライスする。

作り方

1 バットにマグロを入れて全体に塩をふり、ラップをかけて冷蔵庫で2時間おく。

2 キッチンペーパーでマグロから出てきた水分をふきとる。

3 鍋にサラダ油以外の材料を入れ、サラダ油をひたひたになるまで注ぐ。

4 中火にかけ、マグロのまわりが少し白くなってきたら火を止める（余熱で火を通す）。油ごと保存容器に入れ、粗熱がとれたら冷蔵庫で保存する。

シンプルな食べ方
▼
【そのまま】

粗くほぐして皿に盛り、お好みで黒こしょうをかけ、
レモンやイタリアンパセリを添える。

自家製ツナのニース風サラダ

じゃがいも、オリーブ、ゆで卵などを使った定番のサラダ。
自家製ツナは少し大きめにほぐして入れるとボリュームが出ます。

材料 (2人分)

自家製ツナ…50g
サニーレタス…4枚
グリーンカール…4枚
ゆでたじゃがいも…1個
ゆで卵…1個
セミドライトマト(p.142)…7〜8個
※またはトマトのくし形切り½個分でも可。
ゆでたいんげん…6本
オリーブ(種抜き)…4個
塩・黒こしょう…各適量
フレンチドレッシング
(p.41参照。または市販品)…適量
パセリ・パプリカパウダー…各適量

作り方

1 サニーレタス、グリーンカールは食べや
  すい大きさにちぎり、氷水に30分ほど
  つけ、水気をよくきって冷蔵庫で冷やす。
2 ゆでたじゃがいもは食べやすい大きさに
  切る。ゆで卵は半分に、オリーブは
  5mm厚さに切る。ツナは手でほぐす。
3 ボウルにじゃがいもとセミドライトマト
  を入れてかるく塩をふり、1を加えてフ
  レンチドレッシングであえる。
4 皿に盛り、ツナ、ゆで卵、いんげん、オ
  リーブをのせる。黒こしょうをふり、お
  好みでパセリのみじん切り、パプリカパ
  ウダーを散らす。

ツナとじゃがいものガレット

つぶしたじゃがいもにツナや玉ねぎを混ぜ、香ばしく焼きます。
中はふんわり柔らかく、コロッケのような素朴なおいしさです。

材料（2人分）

自家製ツナ…80g
じゃがいも…150g（中1個）
玉ねぎのみじん切り…25g
マヨネーズ…20g
カレー粉…適量
塩・こしょう…各適量
小麦粉…適量
オリーブオイル…適量
レタスなどお好みの野菜
…適量

作り方

1 じゃがいもは柔らかくなるまでゆで、熱い
　うちに皮をむいてつぶす。

2 ボウルに1、玉ねぎ、ツナ、マヨネーズ、
　カレー粉を入れ、塩、こしょうで味を調える。

3 粗熱がとれたら、小判形に成形して小麦粉
　をまぶし、オリーブオイルを熱したフライ
　パンで両面に焼き色がつくまで焼く。皿に
　盛り、野菜を添える。

Confit de saury

さんまのコンフィ

低温の油で煮ると身はしっとり柔らかく、頭や骨までほろほろに。
さんまのおいしい季節にぜひお試しください。

材料 (作りやすい分量)

さんま…4尾

食塩水 (塩分濃度8〜10%)

…1.5リットル
※(水1380g+塩120g)〜
　(水1350g+塩150g)

A [
鷹の爪…1本
ローリエ…1〜2枚
黒こしょう (ホール)
…5粒
]

サラダ油…適量

作り方

1 さんまは肛門の後ろから斜めに包丁を入れ、内臓を出さないように半分に切る。

2 食塩水に**1**をひたし、冷蔵庫で2時間おく。

3 さんまをとり出し、キッチンペーパーで余分な水分をふきとる。

4 鍋に**3**と**A**、ひたひたになるくらいのサラダ油を入れて80℃になるまで加熱する。

5 80℃を保ったまま2〜3時間ほど弱火で煮る。常温になるまで冷まし、油ごと保存容器に入れて冷蔵庫で保存する。

▼

【焼く】

さんまのコンフィのソテー

熱したフライパンに
オリーブオイルを入れ、
さんまの両面に焼き色がつくまで焼く。

さんまのコンフィのフライ トマトソース

さんまのコンフィをカリッと揚げて香ばしいフライにしました。
フレッシュなトマトソースでさっぱりと食べられます。

材料（2人分）

さんまのコンフィ…1尾分
小麦粉…適量
オリーブオイル…適量
〈トマトソース〉
┌ トマト…1個
　玉ねぎのみじん切り…10g
　ズッキーニの角切り…30g
　パセリのみじん切り…小さじ1
　レモン汁…⅛個分
　コリアンダー（ホール）…10粒
　オリーブオイル…適量
└ 塩・こしょう…各適量
ローズマリー…適量

作り方

1 トマトソースを作る。トマトは湯むきに
　して半分に切り、種をとって角切りにし、
　ボウルに入れる。玉ねぎ、ズッキーニ、
　パセリ、レモン汁、コリアンダー、オリ
　ーブオイルを加えて混ぜ合わせ、塩、こ
　しょうで味を整える。

2 さんまに小麦粉をまぶして余分な粉をは
　たく。フライパンに半分の高さまでオリ
　ーブオイルを注いで160〜170℃に熱
　し、両面をこんがり揚げ焼きにする。

3 皿に1のトマトソースを敷いてさんまを
　盛り、ローズマリーを飾る（さんまの上に
　ソースをかけてもよい）。

94

さんまのコンフィほぐし丼

さんまのコンフィを焼いて身をほぐし、ごはんにのせました。
梅干しやみょうが、大葉などの薬味がアクセントになります。

材料（2人分）

さんまのコンフィ…1尾分
梅干し…2個
みょうが…2個
しょうが…1片
大葉…5枚
ごはん…丼2杯分
しょうゆ…小さじ4
ごま油…適量
サラダ油…適量
白ごま…適量

作り方

1 熱したフライパンにサラダ油を入れ、さんまを
両面に焼き色がつくまで焼く。骨をとり除いて
粗めにほぐす。

2 梅干しは種をとって果肉をたたく。みょうが、
しょうが、大葉はせん切りにする。

3 ボウルに1と梅干し、みょうが、しょうがを入
れてしょうゆとごま油をまわしかけ、全体をあ
える。

4 丼にごはんを盛って3と大葉をのせ、白ごまを
ふる。

De saveur romarin sardine huilée

オイルサーディン
ローズマリー風味

オイルサーディンとはいわしをオイル漬けにした保存食です。
余熱でゆっくり火を入れ、ローズマリーなどの風味をしみ込ませます。

材料(作りやすい分量)

いわし…6尾

食塩水

(塩分濃度8〜10%)…1リットル
※(水920g+塩80g)〜
　(水900g+塩100g)

A ┌ レモン…½個
　│ ローズマリー
　│ (あればフレッシュ)…2本
　│ 鷹の爪…1本
　└ 黒こしょう(ホール)…5粒

サラダ油…適量

下準備

・レモンは1cm厚さにスライスする。

作り方

1 いわしは3枚におろし、頭、内臓、腹骨をとる。

2 食塩水に**1**をひたし、冷蔵庫で2時間おく。

3 キッチンペーパーで余分な水分をふきとり、鍋に**A**とともに入れ、ひたひたになるくらいまでサラダ油を注ぐ。

4 鍋を火にかけ、フツフツと気泡が出てきたら火を止める（余熱で火を通す）。常温になるまで冷まし、油ごと保存容器に入れて冷蔵庫で保存する。

シンプルな食べ方
▼
【焼く】
オイルサーディンのソテー

熱したフライパンにオリーブオイルを入れ、
両面に焼き色がつくまで焼く。
お好みでゆでたじゃがいもを添え、
イタリアンパセリ、
ピンクペッパーを散らす。

オイルサーディンとトマトのパスタ

オイルサーディンの風味がソースにしみ込み、パスタによくからみます。
セミドライトマト(p.142)を使えば、よりおいしくなります。

材料(2人分)

オイルサーディン…4枚
セミドライトマト
(p.142参照。またはプチトマト)
…15個
パスタ…100g
にんにく…½片
玉ねぎ…½個
パセリのみじん切り…適量
鷹の爪…1本
ケッパー…15粒
塩…適量
オリーブオイル…適量
芽ねぎ…適量

作り方

1 オイルサーディンは食感が残るくらい粗めに切る。にんにく、玉ねぎは薄切りにする。1%の塩を入れた湯でパスタを袋の表示時間通りにゆでる。

2 熱したフライパンにオリーブオイルを入れ、にんにくと鷹の爪を炒め、香りが出てきたらオイルサーディン、セミドライトマト、玉ねぎ、ケッパーを加えてかるく温める。

3 ゆで上がったパスタとゆで汁少々、オリーブオイル少々を加え、全体をあえながら味をしみ込ませる。ソースが乳化してとろみがついたら、パセリを加えてさっとあえる。器に盛り、お好みで芽ねぎを飾る。

オイルサーディンのパテ

ミキサーで材料を混ぜるだけの簡単パテ。
レモンや柚子こしょうでさわやかな風味に仕上げました。

材料(2人分)

オイルサーディン…200g
バター…30g
レモンの皮…1個分
にんにく…1片
オリーブオイル…大さじ1
柚子こしょう…小さじ½
塩・黒こしょう…各適量
バゲット…適量

作り方

1 バターは常温で柔らかくなるまでもどす(電子
　レンジで数秒温めてもよい)。レモンの皮、にんにく
　はすりおろしておく。

2 ミキサーにオイルサーディンと1、オリーブオ
　イル、柚子こしょう、黒こしょうを入れ、なめ
　らかになるまで撹拌する。

3 味をみて塩分が足りなければ、塩で味を調える。
　保存容器や保存瓶に入れ、冷蔵庫で冷やし固め
　る。お好みの厚さにカットしたバゲットに塗っ
　ていただく。

◎冷蔵庫で5日間ほど保存可能。

Huile de poisson blanc mariné

白身魚のオイル漬け

白身魚をハーブといっしょにオイルに漬けるだけで完成。
オイル漬けにすると魚の生臭さがなくなり、うまみや風味が増します。

材料 (作りやすい分量)

季節の白身魚の切り身
(鯛、スズキ、カジキなど。煮付け、焼き魚用)
…4切れ
塩…強めに適量
こしょう…適量
ローズマリー…適量
セージ (またはローリエ)…適量
オリーブオイル…適量
サラダ油…適量

作り方

1 バットなどに白身魚を並べ、両面に強めの塩と、こしょうをふり、1時間ほどおいたら、キッチンペーパーで余分な水分をふきとる。

2 保存袋や保存容器に白身魚、ローズマリー、セージを入れ、オリーブオイルとサラダ油を同量ずつひたひたになるまで注ぎ、冷蔵庫で保存する。

シンプルな食べ方
▼
【焼く】
オイル漬け白身魚のソテー

油分をキッチンペーパーでふき、
オリーブオイルを熱したフライパンに皮目から入れ、
中火でこんがりと両面を焼く。
お好みでレモンや黒こしょうをかけ、
イタリアンパセリを飾る。
焼いたじゃがいもを付け合わせに添えても。

105

オイル漬け魚のエスカベッシュ

エスカベッシュとはマリネの一種で南蛮漬けのようなもの。
焼いた白身魚に酸味のきいた野菜ソースをかけ、味をしみ込ませていきます。

材料（2人分）

白身魚のオイル漬け…2切れ
小麦粉…適量
にんにく…1片
玉ねぎ…30g
トマト（果肉のみ使用）…50g

A
 にんじん…50g
 セロリ…30g
 パプリカ…100g
 ズッキーニ…30g

B
 白ワイン…75ml
 ワインビネガー…50ml
 砂糖…ひとつまみ
 塩・こしょう…各適量

オリーブオイル…適量
ディル・イタリアンパセリ
…各適量

作り方

1 にんにくは包丁の腹でつぶし、玉ねぎは薄切りにする。**A**は細切りにする。

2 熱した鍋にオリーブオイルを入れてにんにくを炒め、香りが出てきたら玉ねぎを加え、しんなりしてきたら**A**を入れてさっと炒め、**B**を加える。沸騰させてアルコール分をとばし、トマトを加えて混ぜる。味をみて足りなければ塩、こしょう、ワインビネガー（各分量外）を加えて味を調える。

3 白身魚は油分をキッチンペーパーでふいて小麦粉をまぶし、オリーブオイルを熱したフライパンに皮目から入れ、中火でこんがりと両面を焼く。

4 皿に盛って温めた2のソースをかけ、常温になるまで冷まして味をなじませる。ラップをして冷蔵庫で2時間ほど（できれば一晩）冷やしていただく。お好みでディル、イタリアンパセリを飾る。

オイル漬け魚のアクアパッツァ

白身魚やトマト、貝類などを白ワインと水で煮込むイタリア料理です。
魚は皮目を焼いてから蒸し焼きにして、香ばしくふっくら仕上げます。

材料（2人分）

白身魚のオイル漬け…2切れ
あさり…5〜10個
玉ねぎ…½個
にんにく…1片
プチトマト…6個
鷹の爪…1本
白ワイン・水…各70ml
塩・こしょう…各適量
オリーブオイル…適量
パセリのみじん切り…適量

作り方

1 あさりは砂抜きしておく。玉ねぎは2cm
幅に切り、にんにくは薄切りにする。

2 深めのフライパンにオリーブオイルを入
れ、にんにくと鷹の爪を弱火で炒める。香
りが出てきたら鷹の爪をとり出し、白身魚
を皮目から入れる。

3 中火で片面をこんがりと焼いたら裏返し、
白ワイン、水、玉ねぎ、プチトマト、あさ
りを加え、ふたをして弱火で5分ほど蒸し
焼きにする。

4 あさりの口が開いたらふたをはずし、煮汁
が半分くらいになるまで煮詰める。塩、こ
しょうで味を調え、皿に盛ってパセリを散
らす。

Confit de crevette

えびのコンフィ

加熱時間が短いため、肉やさんまのコンフィよりも手軽に作れます。
にんにくの風味がついているので食べるときに味つけは不要です。

材料（作りやすい分量）
えび…10尾
にんにくのすりおろし
…1片分
塩・こしょう…各適量
鷹の爪…2本
ローズマリー…1枝
サラダ油…約300ml

作り方

1 えびは殻と背わたをとって流水でかるく洗い、キッチンペーパーで水気をふきとる。ボウルに入れ、塩（分量外）をもんでぬめりや臭みをとる。

2 1をバットなどに並べて強めの塩とこしょうをふり、すりおろしたにんにくをスプーンの腹ですり込み、30分ほどおく。

3 キッチンペーパーで水分をかるくふき、鷹の爪、ローズマリーとともに鍋に入れ、サラダ油をひたひたになるまで注ぐ。

4 鍋を中火にかけ、フツフツと気泡が出てきたら火を止める。常温になるまで冷まし、油ごと保存容器に入れて冷蔵庫で保存する。

シンプルな食べ方
▼
【温める】
えびのアヒージョ
オイルごと鍋に入れて温め、
皿に盛り、お好みで黒こしょうをふる。

Confit de seiche

いかのコンフィ

塩麹を塗ると身が柔らかくなります。余熱でゆっくり火を入れるので、
時間がたってもかたくならず、いつでもおいしく食べられます。

材料 (作りやすい分量)
いか…2杯
塩麹…200g
鷹の爪…1本
サラダ油…約500ml

作り方

1 いかはワタをとり、ゲソと胴体に分ける。ゲソは適当な大きさに切り、胴体は縦に切って開く。

2 1にたっぷりの塩麹を塗り、冷蔵庫で一晩おく。

3 キッチンペーパーで塩麹をぬぐい、鷹の爪とともに鍋に入れ、サラダ油をひたひたになるくらいまで注ぐ。

4 鍋を中火にかけ、フツフツと小さな気泡が出てきたら火を止める。

5 ふたをして常温になるまで冷まし、油ごと保存容器に入れて冷蔵庫で保存する。

シンプルな食べ方
▼
【野菜とあえる】
いかのコンフィのサラダ
オイルから出し、食べやすい大きさに切る。
ルッコラなどの野菜とともに
フレンチドレッシング（p.41参照。または市販品）であえ、
お好みでディルを飾る。

お店では、有機農産物を中心に、とくに自然農法野菜に重きをおいて扱っています。簡単にいうと無農薬、無肥料のものが基本です。無農薬は言葉の通り、農薬を使わないこと。無肥料とは聞き慣れない言葉かもしれませんが、土と野菜そのものの力を最大限に生かした肥料に頼らない栽培方法のことです。肥料をたっぷり与えられた野菜は成長が早いですが、時間をかけずに育てられた野菜は細胞が粗く、弱くなってしまいます。一方で自然農法野菜は肥料を入れない分、細胞の分裂が遅く、見た目は小さいものが多いですが、ぎっしりと中身の詰まったおいしい野菜になります。生産性を求めた工業製品のような植物ではなく、土と自分の力で育った力強い野菜は、ゆっくりと育てられたいわば「熟成野菜」なのです。

PART
3

Légumes

野菜

キャベツを塩漬けにして
発酵させるザワークラウト、
寝かせて味をなじませる
ラタトゥイユやガスパチョ、
オーブンで手軽に作れる
セミドライトマトなど、
野菜を使ったさまざまなタイプの
熟成レシピを紹介します。
保存がきくので常備菜として
作っておくと便利です。

Choucroute fait à la maison

自家製ザワークラウト

キャベツをスパイスやハーブとともに塩水に漬け、発酵させます。
お好みの酸味になるまでじっくり育ててください。

材料 (作りやすい分量)

キャベツ…500g (約½個)

┌ 水…200ml
└ 塩…10g

┌ ジュニパーベリー
│ (またはクローブ)…5粒
A│ ローリエ…1枚
└ 鷹の爪…1本

作り方

1 キャベツはせん切りにする。

2 煮沸消毒した保存瓶にキャベツを半分入れて**A**を加え、残りを入れる。

3 ボウルに水と塩を入れて塩が溶けるまでよく混ぜ、**2**に注ぎ入れる。

4 ラップをかぶせてから重し（ココットなどでもよい）をのせ、ふたをして常温におく。

5 翌日以降キャベツから水分が出てくる（必要に応じて重しを増やす）。全体が水につかったら、重しを出して5日〜1週間常温におく。

6 泡がプツプツと出てくれば発酵しているサイン。味をみて酸味が出てきたら完成（酸味が足りなければ、さらに発酵を進めてもよい）。お好みの酸味になったら冷蔵庫で保存する。

シンプルな食べ方
▼
【そのまま】

水気を絞って
ソーセージや肉の付け合わせに添える。

ザワークラウトとソーセージのスープ

ソーセージやベーコン、野菜を入れて具沢山の食べるスープに。
ザワークラウトの酸味がほどよいアクセントになります。

材料（2人分）

自家製ザワークラウト…200g
ソーセージ（市販品）…3本
生ベーコン
（p.36参照。または市販のベーコン）
…100g
じゃがいも…2個
玉ねぎ…½個
A ┌ 水…500ml
　│ 固形ブイヨン…3g（1個弱）
　└ ローリエ…1枚
塩・こしょう…各適量
サラダ油…適量
パセリのみじん切り…適量

作り方

1 ザワークラウトは水気を絞る。ソーセージは3cm長さに、ベーコンは1cm幅、3cm長さの棒状に切る。じゃがいもは皮をむいて2cm角に切り、水でさっと洗う。玉ねぎは薄切りにする。

2 熱した鍋にサラダ油を入れ、ベーコンをかるく炒める。香りが出てきたらザワークラウト、じゃがいも、玉ねぎ、ソーセージを入れてさっと炒め合わせる。

3 Aを加えて30分ほど弱〜中火で煮込み、塩、こしょうで味を調える。皿に盛り、パセリを散らす。

焼きザワークラウトとチーズのサラダ

焼いたザワークラウトは食感がよくなり、たくさん食べられます。
チーズと混ぜることで酸味がやわらぎ、マイルドになります。

材料 (2人分)

自家製ザワークラウト…150g
グリエールチーズ…30g
フレンチドレッシング
(p.41参照。または市販品)…適量
ベーコンチップ (市販品)…5g
パセリのみじん切り…5g
塩・こしょう…各適量
オリーブオイル…適量

作り方

1　ザワークラウトは軽く水洗いをし、水気を
　絞る。グリエールチーズはすりおろしておく。

2　熱したフライパンにオリーブオイルを入
　れ、ザワークラウトをかるく炒め、ボウル
　に移して冷ます。

3　2にグリエールチーズ、フレンチドレッシ
　ング、ベーコンチップ、パセリを加えてあ
　え、塩、こしょうで味を調えて皿に盛る。

Pâte de champignons

きのこペースト

きのこを蒸し煮にしてうまみを引き出し、ミキサーでペースト状に。
寝かせると味がなじみ、おつまみ感覚でそのままおいしく食べられます。

材料（作りやすい分量）

お好みのきのこ3種
（しいたけ、まいたけ、しめじなど）
…各1袋（各150gくらい）

玉ねぎ…½個

にんにく…1片

オリーブオイル…30g

白ワイン…大さじ2

A
- マスカルポーネ…10g
- 万能アンチョビソース
（p.80参照。または市販品）…40g
- レモン汁…¼個分
- 塩・こしょう…各適量

作り方

1 きのこは石づきをとり、しいたけは薄切り、しめじやまいたけは細かく刻む。玉ねぎ、にんにくは薄切りにする。

2 熱した鍋にオリーブオイルを入れ、にんにく、玉ねぎをかるく炒め、しんなりしてきたらきのこを加える。

3 強火にしてきのこがしんなりするまで炒めたら、白ワインを加える。

4 ふたをして弱火で2分ほど蒸し煮にし、火を止めて常温になるまで冷ます。

5 ミキサーに4とAを入れて撹拌し、保存容器に入れて冷蔵庫で保存する。

シンプルな食べ方
▼
【そのまま】

お好みで黒こしょうをかけ、
バゲットやクラッカーに塗る。

季節の野菜 オイル漬け

野菜はオイル漬けにすると甘みが増して保存性も高くなります。
加熱しておけばそのまま食べられるので、ストックしておくと便利です。

パプリカ → p.132

シンプルな食べ方
▼
【そのまま】
オイルから出して
皿に盛る。

ズッキーニ → p.133

シンプルな食べ方
▼
【そのまま】
オイルから出して
皿に盛る。

里いも→ p.135

シンプルな食べ方
▼
【焼く】
里いものトースター焼き
半分に切ってオーブントースターで
こんがり焼き、塩、こしょう、
オリーブオイルをかけ、スプーンで食べる。

なす→ p.134

シンプルな食べ方
▼
【そのまま】
オイルから出して皿に盛る。

Légumes marinés à l'huile

季節の野菜 オイル漬け
（4種）

パプリカ

パプリカは焼くと甘くなるので
しっかり焼き目をつけましょう。

材料 (作りやすい分量)
パプリカ (赤・黄)
…各1個
オリーブオイル・
サラダ油…各適量
塩…適量

作り方
1 パプリカは種とへたをとり、縦6〜8等分に切る。
2 熱したフライパンにオリーブオイルを入れ、1を入れてふたをし、両面に焼き色がつく
　まで蒸し焼きにする。バットなどに出して塩をかるくふり (p.133写真)、30分ほどおく。
3 煮沸消毒をした保存瓶に入れ、オリーブオイルとサラダ油を同量ずつひたひたになる
　まで注ぎ、冷蔵庫で保存する。

しっかり焼いた野菜に塩をふり、しばらくおくことで味をなじませる。

里いもは皮の部分にうまみが多いので、皮はむかずに調理する。

ズッキーニ

クセがなくて
食べやすいズッキーニ。
甘みがある旬のものが
おすすめ。

材料 (作りやすい分量)
ズッキーニ…2本
オリーブオイル・
サラダ油…各適量
塩…適量

作り方
1 ズッキーニは3cm厚さの輪切りにする。
2 熱したフライパンにオリーブオイルを入れ、1を入れてふたをし、両面に焼き色がつくまで蒸し焼きにする。バットなどに出して塩を軽くふり(p.133写真)、30分ほどおく。
3 煮沸消毒をした保存瓶に入れ、オリーブオイルとサラダ油を同量ずつひたひたになるまで注ぎ、冷蔵庫で保存する。

なす

焼きなすをオイル漬けに。
皮に切り込みを入れて
火の通りをよくします。

材料（作りやすい分量）
なす…2本
オリーブオイル・
サラダ油…各適量
塩…適量

作り方
1　なすは皮に切り込みを入れ、縦3等分に切る。
2　熱したフライパンにオリーブオイルを入れ、1を入れてふたをし、両面に焼き色がつくまで蒸し焼きにする。バットなどに出して塩を軽くふり（上写真）、30分ほどおく。
3　煮沸消毒をした保存瓶に入れ、オリーブオイルとサラダ油を同量ずつひたひたになるまで注ぎ、冷蔵庫で保存する。

里いも

里いもはオイルでじっくり煮ると、
ホクホクに柔らかくなります。

材料 (作りやすい分量)
里いも…10個
オリーブオイル・
サラダ油…各適量

作り方
1 里いもは泥をきれいに洗い、キッチンペーパーで水分をふきとる。
2 皮つきのまま鍋に入れ、オリーブオイルとサラダ油を同量ずつひたひたになるまで注
  ぐ（上写真）。火にかけて100℃まで熱し、温度を保ちながら里いもが柔らかくなるま
  で1時間半ほど煮る。
3 保存容器に油ごと入れ、冷蔵庫で保存する。

Ratatouille

ラタトゥイユ

なすやトマト、ズッキーニなどの夏野菜で作る南仏の煮込み料理。
寝かせることで味がしっかりしみておいしくなります。

材料（作りやすい分量）

玉ねぎ…½個

なす…1個

ズッキーニ…1本

セロリ…1本

トマト…2個
※濃いめの味がお好みの場合、
　カットトマト（水煮缶詰）
　1缶でも代用可。

にんにく…1片

オリーブオイル…適量

┌ エルブドプロヴァンス
│　…小さじ½
│　※ない場合はタイム、ローリエ、オレガノ、
A│　　ローズマリーから2種以上を混ぜる。
│ ワインビネガー…小さじ2
│ 砂糖…ひとつまみ
└ 塩・こしょう…各適量

作り方

1 にんにく以外の野菜はすべて1cm角に切る。

2 熱した鍋にオリーブオイルを入れてにんにくを炒め、香りが出てきたら玉ねぎを加える。

3 玉ねぎが透き通ったら、なす、ズッキーニ、セロリを加えて炒める。

4 火が通ってつやが出たらトマトを加え、**A**を加えて混ぜる。

5 ふたをして弱火で20〜30分蒸し煮にする。常温になるまで冷まし、保存容器に入れて冷蔵庫で保存する。

シンプルな食べ方
▼
【そのまま】
野菜のうまみがたっぷりで、
温かくても冷たくてもおいしい。
おつまみや副菜などに。

Gaspacho

ガスパチョ

野菜をたっぷり使ったトマトベースのさわやかな冷製スープです。
冷蔵庫で冷やしながら寝かせて味をなじませます。

材料（作りやすい分量）

トマト…200g	セロリ…20g
きゅうり…25g	ワインビネガー…小さじ1
玉ねぎ…15g	塩・こしょう…各適量
にんにく…½片	タバスコ…少々
ピーマン(赤)…1個	オリーブオイル…大さじ2

作り方

1 野菜はミキサーにかけられるくらい適当な大きさに切る。

2 オリーブオイル以外の材料をすべてミキサーに入れる。

3 なめらかになるまで撹拌し、オリーブオイルを加えてさらに撹拌する。保存容器に入れて冷蔵庫で保存する。

シンプルな食べ方

▼

【そのまま】

お好みでパセリのみじん切り、
トーストしたバゲットを
小さくちぎって散らす。

141

Demi-sec de tomates

セミドライトマト

適度に乾燥した「セミドライ」にすると、うまみが凝縮して甘くなります。
本来は天日干しで作りますが、オーブンで作る手軽な方法を紹介します。

材料（作りやすい分量）
プチトマト…20個
にんにく…½片
塩…3g
オリーブオイル…適量

下準備
• プチトマトを半分に切り、にんにくは薄切りにする。

作り方

1 オーブンシートを敷いた天板にプチトマトを切り口を上にして並べ、にんにくを散らす。

2 かるく塩をふり、オリーブオイルをまわしかける。

3 120℃に予熱したオーブンで1時間ほど焼き、焦げない程度に水分をとばす。常温になるまで冷まして保存容器に入れ、冷蔵庫で保存する。

シンプルな食べ方

▼

【そのまま】

お好みでちぎった
イタリアンパセリを散らす。

143

セミドライトマトのブルスケッタ

トマトの濃厚な甘みが引き立つシンプルなレシピです。
ほどよく水分の抜けたセミドライトマトが、バゲットにしっとりなじみます。

材料(2人分)
セミドライトマト…20〜30個
にんにく…1片
バジル…4枚
バゲット(3cm厚さに切る)
…4枚
塩・こしょう…各適量
オリーブオイル…20ml

作り方
1 バゲットはオーブントースターでこんがり
  焼き、熱いうちに半分に切ったにんにくを
  表面にこすりつけ、香りをつける。
2 セミドライトマトを半分に切り、バジルは
  適当な大きさにちぎる。
3 2をボウルに入れてかるく塩、こしょうを
  し、オリーブオイルを加えてよく混ぜ合わ
  せる。
4 3をバゲットにのせる。

なすのキャビア 万能トマトソース

焼きなすをペースト状にたたき、濃厚なトマトソースと合わせました。
トマトソースはパスタなど何にでも使えるのでまとめて作っても便利です。

材料（2人分）
なす…3本
〈万能トマトソース〉
- セミドライトマト…70g
- ケチャップ…20g
- 塩・こしょう…各適量
- オリーブオイル…25ml
- ワインビネガー…小さじ1
- タバスコ…少々

A
- レモン汁…¼個分
- タプナードソース…20g
  (p.80参照。または市販品)
- 塩・こしょう…各適量
- オリーブオイル…20ml

ディル…適量

作り方
1 万能トマトソースの材料をミキサーに入れ、よく撹拌をする。

2 なすに縦4カ所くらいの切り込みを入れ、アルミホイルで巻いて200℃に予熱したオーブンで30分焼く。アルミホイルから出して熱いうちに切り込みのところから皮をむき、縦半分に切って冷蔵庫で冷ます。

3 冷ましたなすを包丁で細かくなるまでたたき、ペースト状にする。

4 ボウルに3とAを入れてよく混ぜ合わせ、冷蔵庫で一晩おく。皿に1のソースを敷き、なすを丸く盛りつけてお好みでディルを飾る。

◎万能トマトソースは保存容器に入れ、冷蔵庫で3日ほど保存可能。

（写真左から）「ステファン・ティソ クレマン・ブラン」（白・発泡）シャンパーニュ級のうまみ
と複雑味がある。「オリヴィエ・クザン グロロ ペティアン」（赤・微発泡）ロゼと赤の中間の色。
酸化防止剤を加えない醸造で果実本来のうまみがある。「ドメーヌ・マルク・テンペ アリアンス」（白）ミネラル感豊富でトロピカルな印象。ぶどうの熟度を見極めながら手摘みで醸造。「リショー テレ・デギュ」（赤）化学肥料は一切使用せず、徹底的に丁寧にぶどうを扱う。果実が溶けているかのような滑らかさでどんな料理にも合う。「ボトロン・ミネ ケリダ」（赤）ケリダはカタラン語で「愛おしい人」。果実のうまみと甘みがぎゅっと濃縮。

酵母で発酵させ、アルコールを生成するお酒も、いうなれば熟成が作り出すものです。
お店で扱っているワインは、100％フランス産のビオワイン。ビオワインとは醸造工
程やぶどうの質、生産地を大事にし、できるだけ自然のままの製法で作られたもので
す。原料のぶどうは無農薬または減農薬で、収穫は手摘みで大型機械を畑に入れな
い、酸化防止剤は極力控えるなど、さまざまな条件のもとで育成されたものを使用し、
酵母は天然酵母を主に使用します。天然というと聞こえはよいですが、腐敗菌などの
悪さをするものも多少含まれているため、味の均一化が難しい面があります。そういっ
たことからビオワインは、同じ生産地やぶどうでも毎年味の変化に富んでおり、環境
によってよくも悪くもなる、まるで人間のような面白さがあります。最近では純粋培養
した酵母や菌でリスクを減らして簡単に醸造、発酵ができるようになりましたが、なん
でも効率重視ではなく、時間をかけて大事に育てられた素材を、ゆっくり楽しむ気持
ちの余裕をもちたいものです。

PART
4

D'autres

その他

ほかにもいろいろな素材で
熟成を楽しむことができます。
チーズはオイル漬けにしておけば
1カ月ほど保存できます。
とろりと溶けた熟成チーズは
おつまみに最高です。
旬のフルーツは
セミドライにしてみましょう。
寝かせるとおいしいジャムや
ケーキも熟成のひとつです。

Huile de fromage mariné

オイル漬けチーズ
（3種）

チーズをハーブやスパイスといっしょにオイルに漬けるだけ。
熟成してくるととろっと溶けてくるので、味の変化も楽しめます。

白かびチーズ　　　青かびチーズ　　　ウォッシュチーズ

材料（作りやすい分量）
白かびチーズ
（カマンベールやブリーなど）…50g
青かびチーズ
（ゴルゴンゾーラなど）…50g
ウォッシュチーズ
（マロワルやエポワスなど）…50g
お好みのハーブやスパイス…適量
（タイム、ローズマリー、黒こしょう、クミン、にんにくなど）
オリーブオイル…適量
サラダ油…適量

作り方

1 チーズはすべて一口大に切り（写真）、煮沸消毒した
保存瓶にそれぞれお好みのハーブやスパイスととも
に入れ、オリーブオイルとサラダ油を同量ずつひた
ひたになるまで注ぐ。

2 ふたをして冷蔵庫の野菜室で保存し、チーズの表面
がとろっと柔らかくなれば完成。

オイル漬けにすると溶けてくるので形が
残る程度（5cm大くらい）に切る。大き
さはそろえなくてよい。

オイル漬け後のオイルの再利用

オイル漬けチーズのオイルはチーズやハーブの風味がしみ
ているので、ドレッシングなどに再利用できます。同様に
野菜のオイル漬け（p.130）もドレッシングや炒め物に使
ってもOK。肉のコンフィ（p.52、56）は再びコンフィを
作るときに再利用可能ですが、魚介は再利用できません。

白かびチーズ

青かびチーズ

ウォッシュチーズ

シンプルな食べ方
▼
【そのまま】

オイルから出して食べる。

オイル漬けチーズを使って

オイル漬けチーズは、そのままでじゅうぶんおいしいので、
チーズの味を生かしたシンプルなアレンジが向いています。
おつまみや前菜になる簡単なメニューを紹介します。

白かびチーズのピンチョス→ p.154

ウォッシュチーズの
カナッペ → p.155

さつまいもの
青かびチーズのせ
→ p.156

153

白かびチーズの
ピンチョス

クセがなくクリーミーな
白かびチーズは、
フルーツとの相性がよいです。
パーティーにもぴったりのメニュー。

材料
オイル漬け白かびチーズ…適量
季節のお好みのフルーツ
(いちご、柿、イチジク、ぶどう、バナナなど)・
オリーブ(種抜き)…各適量

作り方
1 フルーツを一口大にカットし、オイル漬け白
　かびチーズと交互にピックに刺す。オリーブ
　も同様にチーズと交互にピックに刺す。

ウォッシュチーズの
カナッペ

香りが強くて濃厚な
ウォッシュチーズは、
クラッカーにのせてシンプルに。
チーズはかるく温めて
ペースト状にします。

材料
オイル漬けウォッシュチーズ … 適量
クラッカー（市販品）… 適量
お好みのハーブ（イタリアンパセリ、セルフィーユ、ディルなど）・
オリーブ（種抜き）… 各適量
オリーブオイル・ピンクペッパー … 各適量

作り方
1 アルミホイルにチーズをのせ、オーブントー
   スターでかるく温めて柔らかくする。
2 クラッカーに1とハーブ、切ったオリーブをの
   せ、オリーブオイル、ピンクペッパーをかける。

さつまいもの青かびチーズのせ

柔らかくゆでたさつまいもに青かびチーズをのせていただきます。
さつまいもとはちみつの甘さでチーズのクセがやわらぎ、
絶妙な甘塩っぱさになります。甘みの強い安納いもがおすすめです。

材料
オイル漬け青かびチーズ…適量
さつまいも(安納いも、紫いもなど)…適量
塩・こしょう…各適量
はちみつ…適量
くるみ…適量
パプリカパウダー…適量

作り方
1 さつまいもを柔らかくなるまでゆで、縦半分
  に切る。
2 切り口を上にして皿に盛り、オイル漬け青か
  びチーズをのせる。塩、こしょうをふり、は
  ちみつをかける。
3 くるみを粗く砕いて散らし、お好みでパプリ
  カパウダーをかける。

Demi-sec de fruits

セミドライフルーツ

フルーツを薄くスライスし、オーブンで焼いて水分をとばします。
甘みが増すので旬のフルーツでいろいろ試してみてください。

材料
**季節のお好みの
フルーツ**
(バナナ、りんご、
キウイ、いちご、ぶどうなど)
…適量

作り方

1 フルーツはすべて約5mm厚さに切る。オーブンシートを敷いた天板に並べ、100〜120℃に予熱したオーブンで1時間〜1時間半ほど加熱し、水分をとばす。

2 フルーツを網などに並べて冷まし、保存容器に入れて冷蔵庫で保存する。

Confiture de Berry

ベリーのコンフィチュール

冷凍のミックスベリーで手軽に作れるコンフィチュールです。
寝かせるとベリーの甘みや酸味が全体になじみ、深い味わいになっていきます。

材料 (作りやすい分量)
ミックスベリー (冷凍) … 500g
きび砂糖 (または砂糖) … 350g
レモン汁 … 5g (約⅛個分)

作り方

1 ミックスベリー（冷凍のまま）、
砂糖をボウルに入れて混ぜ合
わせ、1〜2時間ほど（できれ
ば一晩）おく。

2 ベリーが浸るくらい水分が出
ていたら、鍋に移す。

3 弱〜中火にかけ、ゴムベラで
たえず混ぜながらとろみがつ
くまで20〜30分ほど煮る。

4 レモン汁を加えて火を止め、
粗熱をとって煮沸消毒した保
存瓶に入れる。冷めたら冷蔵
庫で保存する。

シンプルな食べ方
▼
【そのまま】

トーストしたバゲットなどに塗る。
クリームチーズといっしょに食べても
おいしい。

La livre gâteau d'une châtaigne et miel

マロンとはちみつのパウンドケーキ

ラム酒がふんわり香る濃厚な味わいの熟成ケーキです。
翌日以降アルコールが落ち着き、生地もしっとりしてきます。

材料 (9cm×18cm×6cmの
パウンド型1個分)

無塩バター…100g
粉砂糖…180g
卵…200g (4個分)
アーモンドパウダー…100g
はちみつ…10g
マロンクリーム (市販品) …80g

ラム酒…大さじ1
A 薄力粉…100g
  ベーキングパウダー…3g

下準備
•バターは室温で柔らかくなるまでもどす。
•粉砂糖はふるい、**A**も合わせてふるう。
•オーブンは170〜180℃に予熱しておく。

作り方

1 バターをボウルに入れ、粉砂糖を少しずつ加えながら混ぜ合わせる。

2 溶いた卵、アーモンドパウダーをそれぞれ2回に分けて加え、そのつど混ぜ合わせる。

3 はちみつ、マロンクリーム、ラム酒を加えて混ぜ、**A**を2〜3回に分けて加えて混ぜる。

4 型にバター少々（分量外）を塗ってオーブンシートを敷き、3を流し込み、170〜180℃のオーブンで45分焼く。

5 焼き上がったら型から出し、熱いうちにラム酒（分量外）をたっぷりと塗る。

6 冷めたらラップで包んで冷蔵庫で寝かせる。

165

シンプルな食べ方
▼
【そのまま】

お好みの厚さに切り分ける。
濃厚なのでワインなどのお酒によく合う。

Profile

福家征起 （ふけ まさき）

あべの辻調理師学校で料理の基礎を学んだのち、フランス料理に魅せられ、レストランやホテルで修行を積む。フードコーディネータースクールで飲食店経営についてのノウハウを学び、2008年11月、東京・下北沢に「下北沢熟成室（現：肉ナリ焼クナリ）」をオープン。"時間軸"をコンセプトに、時間の経過を楽しめるさまざまな熟成料理を提供。2011年には一時休業して渡仏し、さらなる知識を深める。2024年現在、下北沢で「カレーの惑星」、「料理と暮らし 適温」など全6店舗を営業中。

本書は『時間をおくだけで、どんどんおいしくなる 熟成レシピ』（2014年小社刊）を再編集し、文庫化したものです。本書の記載は2014年の情報に基づいております。

マイナビ文庫

時間をおくだけで、どんどんおいしくなる
熟成レシピ

2024年2月25日 初版第1刷発行

著 者	福家征起
発行者	角竹輝紀
発行所	株式会社マイナビ出版
	〒101-0003 東京都千代田区
	一ツ橋2-6-3 一ツ橋ビル2F
	TEL 0480-38-6872（注文専用ダイヤル）
	TEL 03-3556-2731（販売部）
	TEL 03-3556-2735（編集部）
	MAIL pc-books@mynavi.jp
	URL https://book.mynavi.jp
印刷・製本	中央精版印刷株式会社

肉ナリ焼クナリ
（旧：下北沢熟成室）

東京都世田谷区北沢2-33-6-2F
TEL 03-6416-8150
〈営業時間〉
月～金 17:00～23:00（L.O. 22:00）
土日祝 11:30～15:00（L.O. 14:30）
　　　　17:00～23:00（L.O. 22:00）
〈定休日〉火

Staff

デザイン	牧 良憲
写真	三村健二
スタイリスト	本郷由紀子
編集	矢澤純子

ISBN 978-4-8399-8508-0
© 2024 Masaki Fuke
© 2024 Mynavi Publishing Corporation
Printed in Japan